LA
COMMISSION MUNICIPALE
DE PASSY
PENDANT LA COMMUNE

BORDEAUX

IMPRIMERIE DU COMMERCE, P.-M. CADORET, IMPRIMEUR
12 — RUE DU TEMPLE — 12

1872

LA

COMMISSION MUNICIPALE DE PASSY

PENDANT LA COMMUNE

Il me paraît utile, dans les temps troublés où nous sommes, *pour plusieurs raisons*, de dire comment à la suite d'une guerre civile mon frère Léonard-Alfred Ledrier a été conduit sur les bancs d'une *juridiction terrible,* qui naquit *un jour de tempête révolutionnaire.*

Au moment où la France allait éprouver les plus grands revers de son histoire, il habitait Passy. Agé de cinquante-deux ans, il pouvait quitter la capitale, et venir au sein de sa famille en province.

Il crut que son *devoir* l'obligeait de rester au poste du danger. On organise une compagnie de vétérans (Passy touche le rempart); on le nomme à l'élection *sergent-major.* Il s'acquitte de ses fonctions avec dévoûment.

Là, comme partout, il acquiert l'estime et les sympathies des personnes honorables qui composent sa compagnie.

Après la *capitulation,* qui ulcéra *profondément* la population parisienne prête *à tous les sacrifices,* survint, hélas! cette triste journée du 18 mars.

Était-il affilié à ce mouvement insurrectionnel?

Non.....

Il m'écrivait le 20 mars :

« *Notre quartier est resté complètement étranger à ce qui s'est passé.*

» *J'ai suivi mon habitude de rester chez moi.....*

» *Tu vois, mon cher ami, combien est sombre ce tableau !* » (1)

Triste pressentiment des malheurs qui allaient accabler la France, et qui ont fait, hélas ! *tant de victimes !.....*

Après des efforts stériles pour concilier *Versailles et la Commune,* la lutte s'accentue davantage. *Le 2 avril, Passy,* qui était resté complètement étranger au mouvement insurrectionnel, voit sa *municipalité chassée ;* les délégués de la Commune *Oudet* et *Napias-Piquet* sont *maîtres de la mairie.* L'émotion fut grande à Passy !.....

Il ne faut pas l'oublier : *Depuis dix-sept jours,* la *Commune* est *maîtresse de la capitale.*

L'autorité n'a rien fait *pour organiser la défense ; au contraire,* on *s'est replié* sur Versailles, c'est *le mot d'ordre* donné par le *général Le Flô.* (2)

Paris, cette ville immense, est seule, abandonnée, comme un vaisseau désemparé, battu des flots, flottant au gré de cette horrible tempête.

C'est une situation étrange, qui n'a pas eu de précédents.

Un jour, l'histoire fera la part des responsabilités !.....

C'est dans ces circonstances *que M. Pigault,* que mon frère avait connu à la compagnie des vétérans, lui propose de faire partie d'une délégation municipale à Passy.

C'est le *4 avril,* après quelques hésitations, il accepte.

« *Je voulais être utile à mes concitoyens.* » Il l'a dit *en entrant* à *la mairie,* il l'a répété *devant le Conseil de guerre.* Mais, dans l'époque si profondément *égoïste où nous vivons,* il y a grand nombre de gens qui ne croient plus au désintéressement et au patriotisme.

Sa part, dans la municipalité, était laborieuse, la plus incontestablement utile.

Il était chargé de *maintenir l'ordre, de faire la police municipale* et d'assurer *l'exécution du décret de la Commune sur les loyers;* question brûlante, qui n'a pas été *étrangère au succès* du mouvement insurrectionnel du 18 mars.

Dans ce poste si difficile, il eut le bonheur, grâce à un dévoûment énergique, à un travail de quatorze heures par jour, de maintenir l'ordre relatif dans cet immense arrondissement. On n'eut à déplorer ni pillage, ni dévastations, ni incendies, ni exécutions sommaires.

Les églises furent respectées, le culte n'eut aucun moment d'interruption. (3)

N'est-ce rien que cela dans un pareil cataclysme?

Les témoins les plus honorables de Passy étaient venus pour attester l'exactitude des faits que j'avance.

Mais, par suite d'un incident bien regrettable, *M⁰ Lachaud,* contre *le gré de l'accusé,* et ne sachant même pas ce qu'ils avaient à dire, a cru pouvoir renoncer à l'audition de cinq témoins à décharge. (5)

Pour remédier à cette singulière erreur de la défense, il m'a semblé utile de transcrire aux pièces justificatives le nom des témoins, et la note que je dois à l'obligeance de M. Arthur Mangin, publiciste, ancien camarade de mon frère aux vétérans, dont le nom très-honorablement connu se recommande doublement par l'élévation du caractère et le talent.

« *M. Ledrier me parut,* dit-il, *un homme très-doux, très-honnête* et *très-exact, d'un esprit généreux et droit.* »

Je n'affaiblirai par aucune réflexion un témoignage de cette valeur, si flatteur pour mon frère.

Mais je veux, parce que c'est mon *droit* et mon *devoir*, l'opposer au *rapport* fait par un très-jeune lieutenant du 48e de ligne, *M. de Brosselard*, après une instruction *aussi longue* qu'inutilement faite. (7)

Car il contient des faits *inexacts*, des *insinuations malveillantes*, qui sont étrangères aux habitudes sévères de notre magistrature, des *appréciations erronées* et de *singulières exagérations* sur les événements, à Passy, pendant la Commune.

Rédigé dans ces conditions, le rapport devait relever de *nombreux chefs* d'accusation.

Le capitaine rapporteur, *M. Sénard*, avait cru devoir les *retenir tous*, et il les a *chaudement défendus*.

Il y en avait un qui visait l'article 344 du Code pénal. Il prononce *tout simplement la peine capitale*. (8)

C'est à n'y pas croire au moment où la France *a tant besoin d'oublier !*.....

Le Conseil de guerre a conservé deux chefs d'accusation, qui lui ont servi à fixer son verdict :

Usurpation de fonctions ;

Complicité dans des arrestations illégales.

Le premier chef, on ne l'a pas contesté.

Seulement, il ne faut pas oublier dans quelles conditions eut lieu *cette singulière usurpation de fonctions publiques.*

Depuis le 2, la municipalité était aux mains des délégués de la *Commune,* Oudet et Napias-Piquet.

Sans avoir organisé la *défense ni opposé une résistance énergique,* la municipalité de Passy, représentée par *M. Chaudet,* négociant, et son secrétaire *Perradon,* s'était *repliée* sur Versailles.

Il faut bien le dire : les *caractères* ne furent pas à la *hauteur du danger*.

La place était donc bien vide, sauf l'intrusion violente, paraît-il, des délégués de la Commune, à la *date du 2*. Mais mon frère *y était étranger*.

C'est incontestable.

Cependant le rapport dit le contraire. De ce chef, son affirmation *inexacte* se trouve en *contradiction formelle* avec la lettre de mon frère, à la date du 10 avril, écrite à un moment où *il n'a aucun intérêt à tromper*. Elle dit le motif qui *l'a déterminé*, indique *la date du 4*, au lieu de celle *du 2, que fixe le rapport*.

Dans leurs interrogatoires, Pigault et Heudicourt disent que *c'est le 5*.

Ce qui est certain, en tout cas, c'est que *ce ne fut pas le 2*.

Et cette date *a une importance capitale*. Car, si mon frère est entré, *le 2, à la suite* de Napias-Piquet, son action a été *violente, coupable*. Je le reconnais. Mais si, au contraire, il n'est venu que le 4 ou le 5 dans les circonstances qu'on n'a pas oubliées, c'est un homme *de cœur* qui prend le *timon abandonné par le pilote au moment de la tourmente*, dont l'intention honnête doit au moins *innocenter l'erreur*.

A la date du 2, il serait *criminel*.

Le 4, c'est un *citoyen courageux* qui a droit *à la reconnaissance publique*. Donc, le rapport *inexact sur cette date si importante* ne mérite *aucune créance*, c'est incontestable. (9)

Le rapport, qui s'est *trompé* si malheureusement sur *une date*, n'est pas plus *exact* quand il s'agit *d'enregistrer les faits* et de *les apprécier*.

« *Un grand nombre d'arrestations*, dit-il, *achevèrent d'impri-*

mer une terreur profonde à tous les habitants de cet arrondissement. »

Mais cette grave affirmation, *contraire à la vérité,* se trouve
contredite par l'opinion des habitants honorables de Passy, que
le rapporteur aurait dû consulter : MM. Jouve et A. Mangin.
(3, 6).

Bien mieux, *elle ne résulte pas de l'instruction elle-même, faite
si laborieusement.*

Quoi ! il y a un si grand *nombre d'arrestations !* Mais alors vous
en savez *le chiffre,* vous devez connaître *les noms* de ceux qui ont
été *victimes de ces séquestrations illégales* qui ont *imprimé la terreur !*

Eh bien ! *chose inouïe,* après avoir *recommencé à nouveau* une
instruction *déjà faite* par un *homme du métier,* un juge d'instruction de la Seine, *M. Mathieu-Devienne,* il se trouve qu'après
l'instruction *refaite* par *ce jeune rapporteur,* qui n'a pas duré
moins *de cinq mois* pour entendre *à nouveau douze témoins,* ce
nombre si grand d'arrestations dans ce vaste arrondissement,
boulevard de cette horrible guerre civile, *s'est réduit à deux,*
un nommé *Paton* et la *femme Duval,* gens de basse condi-
tion.

Le premier, au dire de *Delaire,* ouvrier ébéniste à Passy, sur
la moralité duquel *M. Henry Martin,* notre historien, a rendu
un excellent témoignage, avait été accusé *de vol,* et d'être *un
espion.*

La deuxième est une nommée Duval, venant de Versailles,
femme d'agent de police, trouvée porteur de nombreuses corres-
pondances, *accusée d'espionnage.* (10)

Ces individus furent arrêtés *par les fédérés,* en armes, con-
duits au commissaire de police *Delaire,* qui, pour régulariser

leur écrou, écrivit à mon frère, et lui demanda des ordres d'arrestation.

Il les envoya, à la date du 28 avril et du 9 mai, mais cela dans l'exercice de ses fonctions, qui eurent, au point de vue de *l'ordre public,* une influence considérable et utile. (11)

Voilà la seule part qu'il prit à ces arrestations, qui, dans l'esprit du Conseil de guerre, ont légitimé *une condamnation si rigoureuse.*

Eh bien! je le demande à un juriste : Est-ce pour des faits de cette nature, accomplis en pleine insurrection, qu'ont été édictés les articles du Code pénal contre les *arrestations illégales et séquestrations de personnes ?*

Non... on ne trouverait personne, parmi ceux qui ont étudié le plus superficiellement nos lois pénales, qui voulût donner une semblable interprétation; alors que dans notre malheureux pays il s'est opéré déjà de si nombreux attentats *contre la liberté individuelle!*.....

Est-ce qu'on a perdu la mémoire!.....

La partie la plus saine de la Chambre n'a-t-elle pas été écrouée à Mazas *au 2 décembre?* .

Et, pour ces faits, a-t-on traduit devant les *Conseils de guerre les nombreux prétoriens et leurs complices,* qui aidèrent à ce *guet-apens?*

Le Conseil de guerre s'est attaché au *texte littéral* de la loi.

Il a vu la lettre *morte,* et n'a su *en dégager l'esprit qui vivifie.*

Le soldat n'est pas légiste.

Ce n'est pas son métier.

Dans sa décision, il y a *erreur judiciaire,* c'est évident.

Mon frère, avec *MM. Pigault* et *Heudicourt,* avait fait partie de la délégation municipale à Passy.

Leur position était *identique,* la peine devait être *égale.*

Le 12 avril, ils sont traduits devant le 5⁰ Conseil de guerre, présidé par le lieutenant-colonel Donnat.

Pigault, qui avait entraîné mon frère à faire partie de la délégation, est condamné à *6 mois de prison.*

Sa nombreuse famille a intéressé le Conseil. C'est bien.

Heudicourt, qui, au cours du débat, a pris une *attitude singulière,* est condamné à *1 mois de prison.* (12)

Et mon frère, qui avait eu la part *utile, laborieuse,* puisqu'il a su maintenir *l'ordre relatif dans ce vaste arrondissement,* dont l'honorabilité n'a pu être entamée, malgré toutes les investigations de la police, (13) a vu sa peine élevée à *5 ans de détention et à la dégradation civique.*

Après cet exposé de faits qui résulte des pièces de l'instruction, il est évident qu'il y eut dans les condamnations une inégalité *flagrante ;* elle impressionna *douloureusement, l'auditoire du Conseil de guerre.* (14)

J'ai cru remplir un devoir en la signalant à la Commission des grâces, avec une entière confiance dans *sa justice, ses lumières* et sa *haute impartialité.*

Hélas ! la justice doit être satisfaite !

Depuis de longs mois les accusés attendent l'heure de la délivrance, et avec eux leurs amis et les membres de famill honorables. (15)

Effaçons vite les traces de nos discordes ; car les divisions creusent entre les partis un abîme profond où la France est menacée de périr.

LEDRIER,
ancien notaire.

Port-Sainte-Foy, 1ᵉʳ mai 1872.

PIÈCES ET NOTES JUSTIFICATIVES
QUI SONT AU DOSSIER DE L'INSTRUCTION

(1)

Paris, 20 mars 1870.

MON CHER HECTOR,

Notre quartier, tranquille et bourgeois, est resté complètement étranger à tout ce qui s'est passé; retirés comme nous le sommes, j'ai *suivi mon habitude de rester chez moi*, et hier seulement, en compagnie d'un de mes amis, nous avons été par les Champs-Élysées jusqu'au Palais-Royal nous promener.

Paris est livré à lui-même, semblable à une embarcation qui se trouve chargée de passagers, dont les rames sont perdues, dérivant au courant impétueux qui l'entraîne et que le hasard seul peut sauver.

Voilà notre situation; les partis clandestins agissent. L'or de la Prusse n'est pas étranger à tout cela.

On a nommé un comité : les personnes qui le composent sont inconnues à la majorité.

Voilà notre triste situation.

Des exécutions malheureuses ont eu lieu séance tenante.

Clément Thomas et le général Lecomte ont été fusillés. *Tu vois, mon cher ami, combien est sombre ce tableau!*

Je voudrais bien n'avoir jamais quitté *mes sauvages!*

A. LEDRIER.

(2)

Déposition du général Le Flô.

....

« Mon avis fut qu'il fallait évacuer complètement Paris..... C'est moi qui ai donné cet ordre. Le Gouvernement était contraire à l'évacuation de Paris......

» La capitulation de Paris avait profondément froissé la population parisienne..... Cette capitulation a été certainement une *des causes déterminantes de tout ce qui a suivi.* »

Cette déposition m'a paru utile à mentionner. Elle n'est pas étrangère au sujet qui m'occupe.

(3)

M. Jouve, un habitant des plus honorables de Passy, m'écrivait le 21 juin :

« Il faisait la police et n'avait eu sa part dans *les exactions que pour s'y opposer. C'était l'opinion de tout le quartier*, et la *tranquillité relative dont jouit l'arrondissement*, on la devait à la résistance que ces messieurs opposèrent à des actes excessifs et arbitraires. »

Ce témoignage si précis, donné par un homme qui habitait Passy, détruit le rapport de *M. de Brosselard*.

(4)

Paroisse Saint-Honoré.

Je, soussigné, curé de la paroisse Saint-Honoré, déclare que mon Église a été respectée pendant le règne de la Commune, et que le service religieux n'y a pas souffert d'interruption.

Passy-Paris, 19 avril 1872.

Signé : P. Chanet.

Même attestation donnée par le curé de la paroisse Notre-Dame de Passy.

(5)

L'audition des témoins à charge avait été faite *très-longuement* à l'audience.

Mon frère avait fait appeler comme témoin :

1º M. Cheremeteff, un russe, qui venait dire que son hôtel avait été protégé de la dévastation *par l'influence de mon frère*.

2º M. Jouve, dont on connaît déjà l'opinion, aurait ajouté : que mon frère avait été prié de faire partie de la délégation municipale, et qu'il avait été étranger à tout *acte de violence contre la municipalité légale*.

3º M. Mangin, publiciste, serait venu dire au Conseil de guerre le témoignage dont je donne un extrait ci-après.

4º M. Bérard-Varagnac, secrétaire particulier du ministre du commerce, aurait attesté : que, par l'intervention de mon frère, Mme Bérard-Varagnac, sa mère, et lui, avaient pu quitter Passy au moment où les obus tombaient sur leur maison, nonobstant les procédés violents du propriétaire, qui *voulait les retenir*.

5° M. Philippon, un des négociants estimés de l'Entrepôt, aurait attesté l'honorabilité de mon frère, qui est son ami depuis plus de vingt cinq ans. Il avait fait une tentative auprès de lui, en avril, pour l'engager à quitter la mairie de Passy, à quoi il lui avait répondu : qu'il n'était là *que pour se rendre utile*.

Me Lachaud, par suite d'un incident fâcheux (son départ pour l'Égypte), devait quitter l'audience après sa plaidoirie; il *prit sur lui*, nonobstant les observations de mon frère, de renoncer à l'audition si importante de ces témoignages. C'est un fait regrettable, qu'il m'a semblé utile de signaler.

(6)

Note concernant M. Léonard Ledrier.

J'ai connu M. Ledrier pendant le siége, je faisais partie avec lui d'une compagnie de volontaires; *il fut nommé à l'élection sergent-major;* j'eus avec lui de fréquents rapports qui furent, je dois le dire, excellents.

M. Ledrier me parut un homme *très-doux, très-honnête et très exact, d'un esprit généreux et droit.*

J'eus naturellement occasion de parler souvent avec lui des événements et de politique.

Je trouvai en lui un *républicain très-calme*, ennemi du désordre, ayant longtemps habité les États-Unis, et en ayant rapporté les idées toutes pratiques qui ont cours dans ce pays, où chacun croit remplir un *devoir civique* en s'occupant *avant tout des affaires publiques.*

Je fus très-surpris de voir, au mois d'avril, son nom sur les affiches placardées par la Commission municipale. Mais je suis obligé d'ajouter que ma surprise ne fut pas *sans un certain mélange de satisfaction;* je pensai que la présence de *M. Ledrier* était pour l'arrondissement *une garantie au moins* relative de *tranquillité* et de *sécurité*, et les *événements ont justifié mon opinion.*

Le *16e arrondissement* est en effet, sans contredit, celui qui pendant la Commune *a été le moins troublé.*

Je me rappelle que dans une visite à la mairie je dis à M. Ledrier :

Vous avez pris une lourde responsabilité, et vous jouez gros jeu.

Que voulez vous, me répondit-il, *il faut bien se rendre utile.*

Un de mes proches voisins, M. Michel Cheremeteff, propriétaire
d'un grand et bel hôtel, avait quitté Paris, après le 18 mars, lais-
sant son habitation à la garde d'un individu nommé Perrod et sous
la sauvegarde des armes de Russie, qu'il avait arborées avant de
partir; mais ces armes attirèrent l'attention des fédérés, qui, un
jour, furent demander au sieur Perrod des explications sur ces
emblèmes monarchiques et parlèrent de faire une perquisition dans
l'hôtel.

Le sieur Perrod m'ayant parlé de cette visite, je l'engageai à
s'adresser de ma part à *M. Ledrier*; il revint bientôt avec un ordre
par lequel les fédérés *étaient invités à respecter la propriété de
M. Cheremeteff, sujet russe.*

Le 5 mai, la veille de mon départ, je retournai à la mairie; j'y
trouvai M. Ledrier, que je priai d'accorder protection, au besoin, à ma
maison. Il me répondit qu'il ferait de son mieux, qu'en cas de réqui-
sition pour le service de la défense (ma maison est à deux cents pas
du rempart) la chose ne le concernait pas; car il n'avait rien à voir
dans les choses militaires. Lorsque je suis revenu au mois de juin,
ma maison et mon mobilier *étaient intacts.*

Passy-Paris, 21 avril 1872.

Signé : Arthur MANGIN,

publiciste, Rédacteur du journal *l'Officiel*, membre de la Société
d'Economie politique, propriétaire, rue Dufrénoy, 13.

Cette déposition démontre, *avec des faits,* l'importance, au point
de vue *de l'ordre public,* des fonctions municipales que remplit mon
frère pendant que l'autorité régulière avait cru devoir *se replier
avec son secrétaire* sur Versailles.

(7)

Je transcris un extrait littéral du rapport de *M. de Brosselard,*
tout jeune lieutenant du 48ᵉ de ligne :

« A l'époque du mouvement insurrectionnel, les employés de la
mairie du 16ᵉ arrondissement restèrent courageusement à leur poste
sous la direction de l'adjoint Chaudet.....

» Le 2 avril au soir, Oudet et Napias-Piquet vinrent s'emparer de
la mairie du 16ᵉ arrondissement..... Les nommés Pigault, Ledrier et
quelques autres *vinrent à leur suite.....* Ledrier et Parisis sont
chargés, par ordre de Pigault, de communiquer avec la province à
l'aide de ballon..... *Un grand nombre d'autres arrestations achèvent*

d'imprimer une terreur profonde à tous les habitants du 16ᵉ arron-
dissement….. »

Ensuite, ce rapport découpe, habilement, sur une lettre que j'écri-
vais à l'occasion d'une *affaire particulière, quatre lignes* pour en
faire contre mon frère un *grief d'accusation. Ce procédé est connu…*

…………………………………………………………

Pour juger ce rapport, il faut le lire en entier, et le comparer
avec les témoignages si flatteurs de *MM. Jouve* et *Mangin*.

On découvre bien vite *l'inanité* et la *forme singulière* d'une
semblable pièce, sur laquelle a été formulée la *poursuite crimi-*
nelle, qui ne demandait rien moins que *la peine de mort;* sous le
prétexte que la femme *Duval*, arrêtée par les fédérés *comme espion*,
avait été traitée de *femme d'assassins versaillais*, menacée de mort,
disait-elle, *seule, et sans autres témoins*. Et qui déclarait *très-heu-*
reusement n'avoir jamais vu mon frère. Passons………………… ……

(9)

Paris, 10 avril 1870.

MON CHER PHILIPPON,

Je dois vous donner de mes nouvelles n'ayant eu le plaisir de
vous serrer la main depuis si longtemps : les événements se succè-
dent avec rapidité…. Depuis le 4, je fais partie de la commission
municipale; cet honneur m'a été octroyé par un citoyen qui a connu
et remarqué mes sentiments quand j'étais aux vétérans; c'est un
homme des plus honorables de Passy…. J'étais loin d'y penser,
car jamais je n'ai rien brigué ni fréquenté quelque société que ce
soit. Mon patriotisme me fait un devoir d'entrer en lice, et représen-
tant les intérêts de l'arrondissement, *il ne sera rien fait de louche,*
je vous le garantis. »   A. LEDRIER.

Cette lettre prouve que le rapport est inexact quand il dit que la
mairie fut envahie, le 2, par Oudet et Napias-Piquet, et que Pigault
et Ledrier *vinrent à leur suite*. La caisse de la mairie avant le départ
de l'adjoint fut faite; elle soldait par 6,618 fr. 85 c. On lui donna
récépissé régulier inscrit sur les registres. Après la Commune, le
solde a été rendu *scrupuleusement*, et il a bien fallu reconnaître dans
ce rapport que l'administration financière avait été *honnête*.

Ce fait répond aux *insinuations malveillantes du rapport Brosse-*
lard.

MON CHER PHILIPPON,

Je suis arrêté à l'orangerie de Versailles. Est-il vrai que ces *mi-*

sérables vandales ont brûlé l'Entrepôt? J'en frémis à cette nouvelle, surtout pour vous.

Versailles, 30 mai.

A. LEDRIER.

Voici les sentiments de ce *communard*.

Dans son dossier, il y avait une pièce *politique* ayant pour titre : *La fin justifie les moyens.*

M. Sénard ne manque pas dans son réquisitoire de faire voir *l'odieux d'une pareille proposition.* Mais il se trouva que mon frère avait voulu tout simplement réveiller *contre les Prussiens* le *patriotisme*, à la manière de la *fière Espagne en 1812.* Il est vrai qu'il avait eu l'impertinence grande et surtout très-irrespectueuse de parler *en mal*, dans cette pièce, *du triste héros de Sedan.* « *Votre frère est un communard*, m'avait dit un de ses juges, il y a dans son dossier *un pronunciamento.* » C'était la pièce portant le *titre* que j'ai indiqué.

(10)

A l'occasion de l'arrestation de ces *espions*, que je ne veux pas légitimer, mais seulement expliquer, il y avait *fait de guerre.* Quoi d'étonnant s'il y a eu des arrestations ? Est-ce que d'après *Dalsème*, dans *son histoire des conspirations sous la Commune*, *Laporte*, qui avait à Passy le commandement en chef de la légion des fédérés, ne complota pas pour *Versailles?*

(11)

M. Rogna est venu à l'audience du Conseil dire qu'arrêté par les fédérés comme *espion* et menacé *d'être fusillé*, mon frère l'avait fait mettre en liberté; il remit une attestation à ce sujet, et en l'envoyant le 10 septembre, il disait : « Je vous adresse ci-inclus l'attestation que M. Ledrier *avait le droit d'obtenir de moi.* »

Le 6 août 1871, le fils d'un homme très-honorable, mort, hélas! rue du Bac, à la tête de sa compagnie dans cette horrible guerre civile, *M. Durouchoux* écrivait à son ami M. Philippon : « Malgré toutes mes recherches, je n'ai pu retrouver le certificat que m'avait délivré M. Ledrier pour *m'éviter l'occupation de ma maison de Passy.* Mais j'ai été plus heureux pour celui *de mon pauvre père*, qui était resté aux mains de son jardinier; le voici donc ci-inclus avec le certificat que je vous avais promis. »

Ces faits, qui sont incontestables, disent bien haut l'importauce des *services rendus par mon frère*, à ce moment où tant de gens avaient, *suivant la formule, opéré leur retraite en bon ordre.*

(12)

M. *Heudicourt* était allé à la municipalité qu'organisa M. *Pigault;* on ne sait pas bien *pourquoi.* Au dire de personnes *considérables*, à Passy, il avait été un *des agents les plus actifs du Plébiscite.*

A l'audience du Conseil de guerre, son avocat, Me *de Bach*, a complaisamment rappelé que, dans une lutte électorale célèbre, « il avait voté pour M. *Devinck : c'était parler net.* »

Le Conseil de guerre *l'a condamné à un mois de prison.*

Il avait fait une prévention assez douce ; il tenait *les livres à la prison de Mazas.*

Le compte-rendu du Conseil de guerre fait par le *Petit Journal*, qui vit de *scandale et d'autre chose,* a été fait *d'une façon inexacte,* il me fait jouer *personnellement* un rôle *odieux,* c'est tout simplement misérable.

Il a été complaisant avec *MM. Pigault* et *Heudicourt* qu'il a nommés *Piault* et *Hendricourt.*

Cette *altération de noms* avait besoin d'être *signalée.* J'ignore à quel prix elle *a été faite*.....................................

Si les instructions avaient été faites par *gens du métier* voulant *chercher au fond du sac,* la main du parti qui a perdu la France eût été prise *au traquenard.*

Il est entendu qu'il ne fallait confier ce soin *aux bonapartistes.*

(13)

MM. les Commissaires de police de l'Empire furent à peu près tous *réintégrés.*

Nous allons voir leurs rapports :

Le *casier judiciaire* de mon frère étant *immaculé,* il fallut bien avoir des rapports de police.

Le 31 août 1871, M. le Commissaire de police à Passy disait : *qu'il croit* qu'on a fait un dépouillement de *pièces importantes* contre Pigault et *Ledrier.* On a fait un dossier contre cet *individu (sic)* qui est un *inculpé important; ils méritent bien d'être traités avec la plus grande sévérité*.....

Le 28 septembre 1871, nouveau rapport. C'est un autre qui parle :

« Le nommé *Ledrier* habite rue de la Pompe, 147, depuis le mois de décembre 1869 ; il s'occupait du placement de vins.

» Avant la Commune, *on n'avait aucun reproche à lui faire sous le rapport de la probité*. Pendant le siège, il était souvent et fréquentait le nommé *Pigault* et un nommé *Philippon*, négociant de vins...

» En somme, *comme homme privé, Ledrier jouissait d'une assez bonne réputation* ; mais, *comme homme politique, il mérite d'être sévèrement puni*, attendu qu'il a joué un *rôle important* à Passy, et qu'il s'est montré *un des partisans les plus ardents de la Commune.*»

On l'a dit, et je le tiens pour vrai.

Le style, c'est l'homme ; on peut alors juger *les commissaires* qui se croient autorisés à dire : « *Il mérite d'être sévèrement puni,* ou, avec cette variante, *ils méritent bien d'être traités avec la plus grande sévérité ; ce qui est en dehors, je crois, de la police qui est le fond de leur métier,* » surtout quand on n'oublie pas que ces commissaires, eux aussi, *s'étaient repliés sur Versailles.*

Et dire qu'avec de semblables pièces on a encombré *prisons, géôles, pontons et enceintes fortifiées !.....* Hélas!.....

(14)

Le verdict du Conseil fut accueilli par un *sentiment pénible.* Je me garderai bien de répéter une *exclamation* partie *du cœur.* On dit vite : « *Sauvez-vous,* » parce que nous avions entendu une autre voix qui criait : « *Fermez les portes.* »

(15)

Je ne dirai rien de la longue et dure prévention de mon frère, arrêté depuis onze mois, car je ne veux *aviver les haines.* Il faut attendre le jugement de l'histoire. Il est resté courageux, résigné durant ces longs jours d'épreuves.

« Je suis fort de ma conscience, me disait-il. » Un juge d'instruction lui disait : « *Et c'est pour cela que vous êtes ici ? Les Girondins aussi, Monsieur, ont été emprisonnés comme vous.* »

Oh ! la chose horrible que les guerres civiles !........................

LEDRIER.